LIONEL LAROZE

AVOCAT A LA COUR DE PARIS

LES

LETTRES MISSIVES

QUESTION DE PROPRIÉTÉ LITTÉRAIRE

PARIS

CALMANN LÉVY, ÉDITEUR

RUE AUBER, 3, ET BOULEVARD DES ITALIENS, 15

A LA LIBRAIRIE NOUVELLE

1883

LES LETTRES MISSIVES

Paris. — Imprimerie Tolmer et Cie, 3, rue Madame.

LES
LETTRES MISSIVES

QUESTION

DE

PROPRIÉTÉ LITTÉRAIRE

PAR

LIONEL LAROZE

Avocat à la Cour de Paris.

PARIS

CALMANN LÉVY, ÉDITEUR

ANCIENNE MAISON MICHEL LÉVY FRÈRES

3, RUE AUBER, 3

1883

LES LETTRES MISSIVES

QUESTION DE PROPRIÉTÉ LITTÉRAIRE

La première chambre du Tribunal de la Seine vient de rendre, à propos de la *Correspondance de Sainte-Beuve*, un jugement [1] qui, pour la première fois, résout la question de savoir à qui appartiennent la propriété littéraire attachée aux lettres missives et les droits d'auteur qui en découlent.

Déjà les Tribunaux avaient été appelés à se prononcer sur diverses difficultés relatives à la condition juridique de ces sortes d'écrits, soit quant au droit respectif de l'auteur et du destinataire de s'opposer à leur publication pour des motifs d'intérêt privé, de convenances personnelles, soit quant à leur production en justice, soit quant à leur sort dans la composition de l'actif d'une succession où elles figurent.

Voici les principes posés par quelques-unes de ces décisions. Ils contiennent en germe la solution qui fait l'objet de notre examen.

Il a été jugé que « toute lettre confidentielle contient virtuellement, et à défaut d'expression contraire, la condition qu'elle ne pourra être publiée sans le consen-

1. Trib. Seine (1ʳᵉ Ch.), 20 juin 1883, *Morand c. Calmann Lévy*. V. *la Loi* des 14 et 21 juin 1883.

tement de son auteur, eût-il rempli un rôle public, ou de ses héritiers ; par suite celui à qui ces lettres ont été adressées n'a pas le droit de les publier contre la volonté de ces derniers. » (Paris, 10 déc. 1850, aff. des lettres de Benjamin Constant à madame Récamier ; Dall. 51, 2. 1. — Cf. Paris, 2 juin 1865, aff. Lacordaire ; Pataille, 65, 375.)

D'autre part, il a été jugé que « les lettres missives sont la propriété de ceux qui les envoient, et un dépôt entre les mains de ceux qui les reçoivent ». (Paris, 11 juin 1875, aff. Gentil ; Pataille, 75, 332.)

Enfin la Cour de Dijon a jugé que « la pensée, alors même qu'elle est fixée par écrit, reste la propriété personnelle et exclusive de celui qui l'a produite ; en conséquence, l'envoi à un tiers de lettres privées, en donnant au destinataire le droit de les conserver, ne l'autorise pas à les livrer à la publicité sans le consentement de celui qui les a écrites, et ne permet, ni à lui, ni à ses créanciers ou héritiers, d'en tirer sans ce consentement un profit pécuniaire ». (18 fév. 1870, aff. Guillabert ; Pataille, 70. 107.)

Si ces divers arrêts ne constituent pas des précédents directs dans la question qui nous occupe, parce que l'exploitation commerciale des lettres missives n'était pas en cause dans les espèces à juger, ils n'en contiennent pas moins la reconnaissance, l'affirmation, au profit de l'auteur, d'un droit de propriété littéraire.

La doctrine est d'ailleurs, elle aussi, à peu près unanime sur ce point.

Sauf M. Vanier [1] et M. Deffis [2], qui font découler de la propriété des lettres missives, appartenant sans conteste au destinataire, le droit exclusif de recueillir les profits résultant de leur publication, tous les auteurs enseignent que la propriété littéraire attachée aux

1. Vanier, *Des lettres missives*, Revue pratique, 1866.
2. Deffis, *Des lettres missives*, Pataille, 1870, 97.

lettres missives, loin de les suivre dans les mains de ceux qui les reçoivent, est retenue par l'auteur et passe à ses héritiers.

« On ne saurait perdre de vue, dit M. Pouillet [1], que l'écrivain de la lettre, par cela même qu'il a donné aux idées dont elle se compose une forme particulière, a sur cette œuvre, envisagée à son point de vue littéraire, un véritable droit d'auteur. En adressant cette création de son esprit à un tiers, il n'abdique pas pour cela son droit d'auteur; il n'entre assurément pas dans son intention de transmettre à ce tiers autre chose que la propriété matérielle de l'écrit; il garde par devers lui, il transmet par suite à ses héritiers la propriété littéraire, et le contrat tacite qui se forme entre lui et le destinataire a précisément cette réserve pour objet. Tel est, à nos yeux, le sens formel du contrat. » — (Cf. Et. Blanc, *Contrefaçon*, p. 78; Rendu et Delorme, *Droit industriel*, n° 735; Calmels, *Contrefaçon*, p. 435. V. aussi Renouard, *Droits d'auteur*, t. II, n° 169; Rousseau, *Lettres missives*, n° 23.)

Dalloz n'est pas moins affirmatif [2]. — « Ce n'est pas le détenteur ou destinataire qui a le droit de publier les lettres missives et d'en tirer avantage : c'est celui qui les a écrites ou dictées, celui de qui elles émanent, etc., qui en est véritablement l'auteur dans le sens de la loi civile; c'est lui dès lors qui a le droit exclusif de les publier ou de s'opposer à leur publication. Telle est la doctrine qui résulte de la discussion qui eut lieu au sein de la Commission de 1825 (chargée d'élaborer un projet de loi sur la propriété littéraire), où MM. de Lally-Tolendal, Royer-Collard, Vatimesnil et Portalis établirent cette thèse avec une grande autorité. »

1. Pouillet, *Propr. litt.*, n° 387.
2. Dall., 1850. 2. 1, note 1, sous l'arrêt Benj. Constant.

Voici en effet la doctrine de la Commission dont parle Dalloz. Elle est ainsi résumée par M. Vatimesnil :

. « L'envoi d'une lettre n'est pas une transmission de propriété pure et simple, absolue, indéfinie; c'est au contraire une transmission restreinte et conditionnelle. Celui qui a une lettre a dû garder les pensées qu'elle contenait pour lui seul ; ces pensées ont dû rester dans le sein de l'amitié. Quant à la publication ultérieure de ses pensées, si l'intention de l'auteur n'a pas été exprimée à cet égard, on doit demeurer dans *le droit commun de la propriété littéraire.* »

*
* *

Certains auteurs, notamment Sirey [1] et M. Rousseau [2], distinguent entre les lettres qui ont un caractère confidentiel et celles qui n'ont pas ce caractère ; et ils y voient le critérium du droit de l'écrivain.

Cette distinction nous paraît indifférente à la solution de la question qui nous occupe, et M. Rousseau méconnaît, d'après nous, les règles fondamentales de la matière lorsqu'il accorde au destinataire d'une correspondance « ayant un caractère scientifique ou littéraire » un droit d'édition qu'il refuse au destinataire d'une lettre purement privée.

Comme le fait très-justement remarquer M. Pouillet, il ne s'agit plus alors d'une lettre, il s'agit d'un écrit ordinaire, et nous savons que la loi est précisément faite pour garantir à l'auteur la propriété des écrits *en tous genres*.

Le caractère de la lettre missive ne doit avoir d'influence que sur la question de savoir si elle peut sans inconvénient, sans dommage pour aucune des parties,

1. Sirey, 1850. 2. 626. Note sous l'arrêt Benj. Constant.
2. Rousseau, *Des lettres missives*, n° 15.

auteur et destinataire, être livrée à la publicité, abstraction faite de toute pensée de lucre.

Quant au droit en lui-même, quant à la propriété littéraire, ou il faut dans tous les cas l'attribuer en principe au destinataire, à celui qui, comme dit M. Vanier, a « le droit de vie et de mort » sur la lettre elle-même ; ou il faut, comme le demandait M. Vatimesnil, rester dans ce qui est « le droit commun » en cette matière.

Telle est la pensée qui a inspiré le jugement du 20 juin 1883, au sujet de la correspondance de Sainte-Beuve.

Obligé, cette fois, de s'exprimer avec précision sur l'attribution des droits d'auteurs résultant de la publication des lettres missives, le Tribunal dit qu'ils appartiennent à l'écrivain, et à l'écrivain seul. A son décès, ils passent à ses successeurs avec la propriété littéraire « qu'il leur transmet comme il l'a possédée de son vivant ».

Du moment, en effet, où la lettre missive est considérée comme une œuvre de l'esprit, comme un écrit protégé par les lois sur la propriété littéraire, — et comment en serait-il différemment ? — elle ne peut échapper aux règles édictées par les législateurs de 1793 et de 1866.

Lorsque l'auteur est vivant, rien ne peut faire échec à son droit.

A la vérité, comme le fait remarquer le jugement, s'il n'a pas conservé une copie de la lettre, son droit peut être paralysé par la résistance du destinataire qui se refuserait à la livrer ; mais ce qu'il importe de noter, c'est qu'il ne s'agit que de l'exercice du droit. L'absence de copie ne saurait influer sur le droit en lui-même. Pas plus que le dépôt prescrit par la loi, la possession du manuscrit n'engendre de droits au profit de personne.

« La remise d'un manuscrit à titre gratuit, dit Calmels [1], ne transmet pas, en principe, le droit de le reproduire. Cette décision s'applique à toutes les œuvres écrites, quelle que soit leur nature. Le célèbre compositeur Haydn avait envoyé à Mme la maréchale Moreau une sonate de sa composition. La Cour a jugé que cet envoi ne constituait pas de la part de Haydn la cession de son droit de propriété. (Paris, 14 août 1841, Gerdès c. Launer, *Gaz. Trib.*, 15 août 1841.) Cette décision s'applique également aux lettres missives. »

Que l'auteur ait, ou non, conservé le brouillon ou la copie des lettres qu'il a adressées à un tiers, peu importe. La rédaction, la création de ces lettres lui donne la propriété littéraire qui y est attachée; et s'il a conservé le souvenir de leur contenu, ou si une circonstance quelconque le met en possession de leur texte, personne ne pourrait l'empêcher de le publier, — sauf, bien entendu, les questions de personnalité et d'intérêt privé que le destinataire peut toujours faire trancher par les tribunaux.

*
* *

Ce que nous disons de l'auteur s'applique évidemment à ses successeurs.

Seuls propriétaires de l'œuvre, ils ont le droit de la publier et d'en autoriser la publication. A défaut de cette autorisation, le destinataire ne peut pas publier.

En vain prétendrait-on que le décret du premier germinal an XIII sur les ouvrages posthumes garantit le destinataire contre toute poursuite de la part des successeurs de l'écrivain, et lui confère, en cas de publication, les mêmes droits que ceux reconnus à l'auteur. Le décret de germinal ne saurait être applicable au

---

1. Calmels, *Contrefaçon*, p. 435.

possesseur d'une lettre missive que tout autant qu'il en serait propriétaire à un titre quelconque. Or il n'est propriétaire que de l'objet matériel, la lettre.

Mais, dit-on, c'est un manuscrit. Propriétaire du manuscrit, il a le droit de le publier.

Outre que la possession, la propriété même d'un manuscrit n'entraîne pas nécessairement — nous venons de le voir — le droit de publication, il est inexact de dire que le destinataire d'une lettre missive soit propriétaire d'un manuscrit. Il a bien la propriété d'un autographe, et personne ne pourrait l'en dépouiller, fût-ce momentanément; mais il n'a pas sur la lettre, en tant que manuscrit, au sens légal du mot, les mêmes droits que l'auteur; ces droits appartiennent aux successeurs de ce dernier.

Pour que le destinataire pût invoquer le décret de germinal, il faudrait qu'il justifiât d'une cession ou d'un abandon quelconque de la part de l'auteur. Mais du moment où il n'apparaît pas que l'auteur ait entendu l'investir des droits que la rédaction de la lettre missive avait fait naître à son profit, le décret de germinal n'est pas applicable, car il ne protège le publicateur que tout autant qu'il a le droit de publier; cela va de soi.

Le jugement relatif à la correspondance de Sainte-Beuve fait résulter ce droit de cette circonstance que l'auteur n'a pas conservé copie des lettres litigieuses. Nous venons de voir que, du vivant de l'écrivain, cette question est sans influence sur le droit en lui-même; comment pourrait-elle devenir capitale quand il s'agit de ses successeurs? Ne sont-ils pas les continuateurs de la personne, et quelle raison y a-t-il de créer contre eux une présomption qui ne s'élevait pas contre leur auteur?

Est-ce qu'on peut voir dans l'absence de copie ou de brouillon un critérium sérieux de l'intention, de la volonté de l'écrivain? La vérité est que, la plupart du temps, il n'avait aucune pensée de publicité lorsqu'il a écrit ces lettres dont on se dispute la propriété après sa mort. Comme dit Renouard [1] : « Une lettre est écrite pour être lue, non pour être publiée. Celui qui l'écrit s'abandonne et s'épanche ; il pense tout haut ; il n'élabore point ses paroles comme s'il prévoyait qu'elles seront livrées au public. »

Qu'est-ce à dire, sinon que le caractère même des écrits épistolaires exclut, de la part de l'auteur, toute idée de cession ou d'abandon de propriété littéraire au profit du destinataire, et que, par conséquent, l'existence ou l'absence de brouillon ou de copie est absolument indifférente quand il s'agit de décider à qui appartient cette propriété.

Le jugement nous paraît, sur ce point, s'être écarté du « droit commun de la propriété littéraire ». Il est de principe, en effet, que l'abandon ne se présume pas et que la cession ne peut résulter, à défaut d'écrit, que d'un ensemble de présomptions, graves, précises et concordantes, parmi lesquelles il n'y a pas lieu de classer la possession du manuscrit.

C'est ce que M. Et. Blanc exprime en excellents termes : « S'il est vrai de dire que le destinataire d'une lettre privée en est propriétaire, sa propriété ne repose que sur le manuscrit en tant qu'objet matériel, et non sur le droit de reproduction, droit incorporel, essentiellement distinct, et qu'*une convention spéciale pourrait seule lui conférer* [2]. »

Le manuscrit, nous ne saurions trop le répéter, n'est pas le signe de la propriété. Il en est l'instru-

1. Renouard, *Droits d'auteur*, t. II, n° 169.

2. V. Pardessus, cité par Pouillet, *loc. cit.*, n° 377 ; Le Senne, *Droits d'auteur*, n° 135.

V. anal. un jugement du tribunal de la Seine (1re ch.), 13 mai 1882, aff. Broustet ; Pataille, 1883, 74, et la note.

ment; mais voilà tout. La preuve, c'est que, du vivant
de l'auteur, qu'il ait gardé, ou non, un brouillon, le
destinataire de la lettre n'a pas plus le droit de la publier dans un cas que dans l'autre.

*
* *

Est-ce à dire que, comme conséquence de cette situation spéciale, les lettres missives dont l'écrivain n'a
pas gardé copie soient forcément destinées à ne jamais
être livrées à la publicité? Ce serait, il faut en conve-
nir, dans bien des cas, un résultat regrettable pour la
littérature. Si, comme le dit avec humour M. de Cormenin [1], « nous n'avons pas besoin, pour les pro-
grès de l'esprit humain, de quelques commérages qui
nous arrivent par la petite poste », nous sommes d'avis,
avec M. Rousseau, que « priver l'humanité de certaines
publications, serait un grand mal sans profit [2] ».

Mais une telle fatalité ne pèse pas sur les écrits
épistolaires. Le décès de l'auteur ne change rien à leur
condition juridique. Elles sont soumises aux mêmes
éventualités. Sans doute, elles peuvent être détruites
par celui qui les détient, qui les possède; mais qui
l'empêche d'user de ce droit du vivant de l'écrivain?

S'il veut les publier, il demandera aux successeurs
de ce dernier l'autorisation qu'il eût été obligé de lui
demander à lui-même.

En cas de refus, il devra attendre l'expiration du
droit temporaire accordé par la loi aux représentants
de l'auteur, et alors il pourra exercer le droit que lui
confère le décret du 1er germinal an XIII. Il sera subs-
titué à l'auteur.

Si, au contraire, l'autorisation est accordée, il faudra
distinguer :

1. Cormenin, *De la publication des lettres confidentielles*,
Revue crit., 1851.
2. Rousseau, *loc. cit.*, n° 15.

— Ou bien l'autorisation équivaut par ses termes à un véritable abandon, et alors le possesseur de la lettre sera investi des mêmes droits que l'auteur; il aura un privilège en vertu duquel il pourra poursuivre les contrefacteurs; il sera propriétaire dans les termes de la loi de 1793 et du décret de germinal, dès qu'il livrera la lettre à la publicité;

— Ou bien l'autorisation, telle qu'elle a été donnée, n'implique en aucune manière la renonciation au droit que le successeur de l'écrivain tient de lui, et dans ce cas le possesseur de la lettre n'a que la faculté, la permission de la publier. L'action en contrefaçon ne lui appartient pas, puisqu'il n'est pas propriétaire.

Si donc il profite de l'autorisation qu'il a sollicitée, s'il publie, et que le représentant de l'auteur mis par cette publication dans la possibilité d'exercer le droit qui est resté sur sa tête, publie de son côté les lettres qui ont fait l'objet de son autorisation, le possesseur de ces lettres sera sans action contre lui.

Cela est de toute justice.

Le destinataire avait le droit de conserver pour lui seul les lettres qui lui ont été adressées. Nul ne pouvait l'obliger à les remettre dans le patrimoine littéraire de l'écrivain auquel elles appartenaient, comme tout ce qui sort de sa plume. Mais du moment où il les met au jour, comme il ne peut le faire qu'avec l'assentiment du représentant de l'écrivain, ce dernier use, pour exercer son droit, du moyen mis volontairement à sa disposition par le destinataire des lettres. Celui-ci ne saurait se plaindre de cette concurrence. Il devait s'y attendre lorsqu'il a demandé l'autorisation de publier. S'adressant au propriétaire du droit de reproduction, il n'avait qu'à en stipuler l'abandon à son profit. En négligeant cette formalité, il savait à quoi il s'exposait.

On peut dire, sans doute, et on a dit qu'il était loisible aussi à l'ayant droit de l'auteur de faire ses réserves et de « subordonner son consentement à un partage des bénéfices à retirer de la publication [1] ».

Mais, est-ce qu'il avait besoin de faire la moindre réserve? Est-ce qu'il avait à s'expliquer sur la conservation d'un droit dont l'existence est indépendante de l'objet matériel sur lequel il s'exerce? Est-ce qu'il devait manifester d'une manière formelle l'intention de ne pas aliéner un droit dont l'abandon ne se présume pas?

N'y a-t-il pas lieu, en tout cas, d'invoquer l'art. 1162 du Code civil, contre celui qui stipule l'autorisation de publier, et en faveur de celui qui, en la donnant, s'oblige?

*
* *

Lorsque les représentants d'un écrivain pourront, sans fraude, publier les lettres missives adressées par lui à un tiers, ils auront le droit de le faire, parce que eux seuls ont hérité de la propriété littéraire attachée à ces écrits. Or, en se servant de l'édition des lettres publiées par le destinataire, pour en faire de son côté, une édition quelconque, isolée ou réunie à l'œuvre de l'écrivain, l'héritier ne commet aucune fraude, car lorsque le destinataire lui a demandé l'autorisation qui lui était nécessaire pour publier, il est intervenu entre eux une convention tacite résultant de la nature des choses et de la logique des principes.

Cette convention peut se traduire en ces termes : Le possesseur de la lettre dit au représentant de l'écrivain: Sans vous, je n'ai pas le droit de publier. Sans moi, vous n'en avez pas le pouvoir. Autorisez-moi à pu-

1. V. les conclusions de M. l'avocat de la Rép. Rau dans l'aff. Sainte-Beuve. (*La Loi* du 14 juin 1883.)

blier; je vous fournirai en échange le moyen d'exercer votre droit.

Ce dualisme a frappé M. de Cormenin. Il l'a affirmé dans ces termes [1] :

« Toute lettre confidentielle, d'où qu'elle vienne, d'un homme public ou d'un simple particulier, est la propriété commune de celui qui l'envoie et de celui qui la reçoit. Celui qui l'envoie ne peut donc forcer celui qui l'a reçue à la publier, et celui qui l'a reçue ne peut la publier lui-même sans la permission de celui qui la lui a adressée. Cette obligation s'étend aux héritiers des deux parties, et cela saute aux yeux. »

Le savant jurisconsulte anglais, lord Hardwicke, moins favorable au destinataire, disait [2] : « Celui qui a reçu une lettre a tout au plus sur elle une propriété commune avec celui qui l'a écrite. » (Cf. Req. 9 fév. 1881; Dall. 82.1.73, la note.)

Et M. l'avocat général Meynard de Franc, parlant des lettres privées réunies en corps (aff. Benj. Constant), proclamait hautement que le droit de publication appartient « sans contredit, d'abord à l'auteur des lettres, car c'est sa pensée intime... puis au destinataire lui-même, qui les a ainsi colligées et coordonnées ». — Il est vrai que si l'auteur est décédé sans avoir usé de son droit, l'honorable magistrat dénie que ce droit ait passé à ses héritiers, et il l'accorde exclusivement au destinataire, « parce qu'il est possesseur, à la charge seulement de ne pas abuser, et parce qu'ici s'applique la règle tracée par l'art. 2279 du Code civil qu'en fait de meubles possession vaut titre ». Mais cette distinction, qui ne paraît suivie que par M. Vanier (*loc. cit.*), est inadmissible, car elle viole le principe même de la propriété littéraire. Les partisans

1. Cormenin, *De la publication des lettres confidentielles*, Revue critique, 1851.

2. Lord Hardwicke, *De la propriété littéraire*, traduit par Th. Regnault, p. 25 et suiv,

de ce système confondent l'objet corporel, la lettre, à laquelle seule peut s'appliquer la maxime de l'art. 2279, et la propriété littéraire attachée à cette lettre, droit incorporel, non susceptible de prescription instantanée. — (Cf. Trib. Seine (1re ch.), 13 mai 1882, aff. Broustet, *loc. cit.*)

*
* *

En réalité, la propriété littéraire attachée aux écrits épistolaires appartient uniquement à l'auteur et à ses représentants.

Le destinataire autorisé purement et simplement à publier la lettre qu'il détient a, outre la propriété matérielle de l'autographe, un droit de jouissance comparable à celui qui appartient au porteur de licence d'un brevet d'invention. Ce n'est pas un cessionnaire. Il n'est pas aux droits de l'auteur; il n'a que la jouissance; et ce démembrement de la propriété n'altère en rien le droit qui continue à résider sur la tête de l'auteur ou de ses représentants.

Par conséquent, le destinataire ne saurait se prévaloir de l'autorisation qu'il a ainsi obtenue, pour poursuivre en contrefaçon le successeur de l'écrivain qui publierait de son côté les lettres missives ayant fait l'objet de cette permission.

C'est ce que dit avec autorité M. Et. Blanc [1] :

« Le droit de poursuivre les contrefacteurs appartient au véritable propriétaire. Or, le véritable propriétaire est celui qui possède le droit exclusif de reproduction, soit en vertu de la qualité d'auteur, soit en vertu d'un titre d'acquisition. Il suit de là que le cessionnaire peut seul poursuivre les contrefacteurs pendant tout le temps de sa jouissance, pourvu que sa

---

1. Et. Blanc, *De la contrefaçon*, p. 187.

jouissance soit exclusive, car celui qui aurait seulement acquis de l'auteur le droit de publier, ne pourrait s'autoriser de sa cession pour exercer une poursuite contre les contrefacteurs. Il faut le décider ainsi, parce que la contrefaçon ne porte préjudice qu'au véritable propriétaire, et que le cessionnaire dont il s'agit ici ne peut revendiquer cette qualité, puisqu'il n'a acquis de l'auteur qu'une simple autorisation, et non pas un droit exclusif. »

Ainsi, le destinataire d'une lettre missive, autorisé purement et simplement à la publier, doit subir la concurrence des représentants de l'auteur.

Il y a mieux : si ces derniers, par impossible, ne poursuivent pas les contrefaçons qui pourraient se produire, il doit les subir également.

Quoi de plus naturel? quoi de plus juste?

Le destinataire n'a aucun droit de propriété littéraire. S'il avait publié sans autorisation, aurait-il été recevable à poursuivre comme contrefacteurs les représentants de l'écrivain qui auraient profité de cette publication pour éditer de leur côté les lettres écrites par leur auteur? Évidemment non; car ceux-ci lui eussent répondu : « Justifiez d'une cession, ou tout au moins d'une autorisation. Vous ne pouvez pas? Vous n'avez pas d'action, car vous êtes sans droit. »

Eh bien, est-il admissible que la tolérance des successeurs de l'écrivain rende leur situation pire, et qu'ils soient moins bien traités dans le cas où, sollicités par le destinataire, ils autorisent la publication, que dans le cas où, la publication étant effectuée sans leur assentiment, ils s'en servent, à défaut de copie, pour publier de leur côté?

Poser la question, c'est la résoudre.

*
* *

Tout dépend donc, on le voit, de la portée de l'autorisation. Tout dépend des termes dans lesquels elle a été donnée. Équivaut-elle à une véritable cession, ou n'implique-t-elle aucune renonciation aux droits dérivant de la création de l'écrit épistolaire? A cet égard, les juges jouissent d'un pouvoir d'appréciation très-étendu; cela est incontestable. Les circonstances de la cause, la nature de la correspondance, les relations des parties sont pour eux, comme le dit notre jugement, autant d'éléments de décision. Mais ces considérations doivent être indifférentes si elles ne se rattachent pas à un commencement de preuve de la volonté de l'auteur ou de ses représentants. Et on ne saurait voir, comme on l'a dit, dans le fait de n'avoir conservé ni brouillon, ni copie, « un critérium presque infaillible » de cette volonté. (V. les conclusions de M. l'avocat de la République Rau, *loc. cit.*)

Nous pensons avec M. Pouillet [1] qu'il n'y a aucune raison de modifier, dans le cas particulier des écrits épistolaires, les règles de la propriété littéraire. Or, d'après ces règles, la transmission du droit de l'auteur ne peut résulter, à défaut d'une disposition expresse, que d'un ensemble de faits précis ne laissant aucun doute sur l'intention de celui à qui appartient ce droit. En aucun cas, « le juge ne doit s'attacher à la circonstance unique de la possession du manuscrit pour résoudre la question de propriété » [2].

« A moins d'une stipulation formelle, dit avec beaucoup de force M. Pouillet, le destinataire n'acquiert pas le droit exclusif de publication, qui continue d'appartenir à l'auteur. Celui-ci peut toujours, s'il le juge

1. *Loc. cit.*, n° 393.
2. *Ibid.*, n° 283.

convenable, publier lui-même la lettre ; il peut encore autoriser d'autres personnes à la publier. Le consentement qu'il a donné est, en un mot, *un acte de pure tolérance qui n'implique en rien l'abandon de son droit* [1]. »

Voilà le principe. Nous ne voyons que péril à s'en écarter.

*
* *

En résumé, la publication d'une lettre missive donne naissance à deux ordres d'intérêts bien distincts : d'une part, des questions de personnes; d'autre part, des questions de profits pécuniaires.

Dans le premier cas, la propriété littéraire de l'écrit n'est pas en cause. Le droit dont chaque partie peut réclamer le respect résulte d'un contrat tacite intervenu entre l'auteur de la lettre et le destinataire, véritable pacte synallagmatique « renfermé dans toute lettre missive d'une nature confidentielle » (arrêt Benj. Constant), et d'après lequel l'épître écrite, « non pas pour être publiée, mais seulement pour être lue », ne peut être livrée par personne à la publicité s'il doit en résulter, pour l'une ou l'autre des parties, un préjudice matériel ou moral.

A ce point de vue, les droits de l'auteur et du destinataire sont égaux, et il ne saurait en être différemment, car ils ont la même origine.

Au contraire, lorsqu'il s'agit des profits que la publication des lettres missives est susceptible de produire, le droit à la totalité de ces profits naît dans la personne de l'auteur seul, et rien n'est plus légitime, car seul il a créé la chose qui doit en être la source.

La propriété littéraire attachée à ce genre d'écrits

1. Pouillet, *loc. cit.*, n° 394.

lui appartient dès le moment où il a fixé sa pensée sur le papier.

L'envoi de la lettre n'impliquant pas de sa part la cession, non plus que, de la part du destinataire, l'acquisition d'une œuvre littéraire avec les droits qui y sont attachés, le possesseur de la lettre ne saurait revendiquer d'autre droit que celui résultant de la propriété de l'objet matériel.

Sans doute, l'auteur peut autoriser le destinataire à publier les lettres qui émanent de lui; mais, à défaut de stipulation formelle, une pareille autorisation n'emporte, de la part de celui qui la donne, ni l'abandon, ni la cession de ses droits. L'abandon, en effet, ne se présume pas, et si la loi ne prescrit aucune forme spéciale pour la cession, elle ne peut résulter que d'un ensemble de faits non équivoques.

Le droit de propriété littéraire continue donc d'appartenir exclusivement à l'auteur. Seulement il en partage l'exercice avec le destinataire des lettres dont il a autorisé la publication.

La situation sera la même vis-à-vis de ceux qui auront hérité de ses droits; car, ainsi que le dit notre jugement, il les leur a transmis comme il les a possédés de son vivant.

*
* *

Nous avons, au cours de cette étude, cité l'opinion d'un certain nombre d'auteurs. Parmi ceux qui ont écrit sur cet intéressant sujet, il en est un qui l'a traité avec un esprit qui, s'il n'est pas exempt de malice, n'en est pas moins associé à un sens juridique dont il est permis de s'étonner lorsqu'il s'agit d'une femme, s'appelât-elle George Sand.

2

Ce n'est pas, on le devine, un traité sur la matière que nous a laissé l'auteur d'*Indiana ;* c'est une simple lettre, adressée à son avoué, qui, pour l'éclairer sur l'étendue de ses droits au sujet d'une précieuse correspondance, lui avait envoyé le *Dalloz* avec une consultation en forme.

Dalloz commenté par George Sand, n'est-ce pas un délassement de l'esprit au milieu de nos savantes contradictions? Et lorsque, dissertant sur les écrits épistolaires, on a la bonne fortune de rencontrer la solution poursuivie, précisément dans une de ces épîtres dont la forme exquise vaut qu'on s'en dispute la propriété jalouse, n'est-on pas excusable de reproduire la lettre entière?

Pour notre part, nous n'avons à nous excuser que d'une chose, c'est d'avoir fait précéder de notre avis l'exposé si clair et si complet du jurisconsulte de Nohant [1] :

« *A M. Ludre-Gabillaud, avoué à la Châtre.*

« Nohant, 20 février 1859.

« Merci, mon cher Ludre, de la consultation. Je garde encore votre livre pendant quelques jours et je médite l'article, quand j'ai un moment de loisir. J'y vois ce que vous dites; mais j'y vois aussi l'*esprit* des arrêts. Il est peut-être permis de publier quand ce n'est ni par spéculation, ni en vue d'aucune délation ou vengeance, et quand les lettr es ne peuvent que faire

1. *Correspondance de George Sand*, t. IV, p. 193.

honneur à celui qui les a écrites; enfin, quand on n'y laisse rien qui puisse compromettre ou affliger personne, et c'est ici le cas. Il est dit aussi qu'en cas exceptionnel, on peut se trouver dans la nécessité de se défendre. Je vois que la loi, qui n'a rien voulu fixer absolument, est très sage, et que les décisions sont dictées par le sentiment de la morale et de la délicatesse, *selon les cas*. Je ne craindrais donc pas, dès à présent, de publier ces lettres, si mes convenances personnelles m'y poussaient. On pourrait certainement me faire un procès; mais je serais certaine de le gagner. Il faudrait seulement pouvoir lancer brusquement la chose avant d'en être empêchée. La chose faite, avec la réserve, l'annonce même, dans une préface, que si les héritiers de l'écrivain *non nommé reconnaissent le style et veulent voir les autographes*, on leur abandonnera le profit avec empressement, je doute qu'ils pussent faire interdire la vente. Je crois que cela peut se faire par moi pendant ma vie, ou après, par disposition testamentaire. Si c'est pendant ma vie, je ne nommerai personne et le public n'en comprendra que mieux. Si c'est après ma mort, on pourra nommer.

» Que vous semble de mon idée? Je consulterai M. Delangle et d'autres, et je vous dirai leur avis.

» J'irai voir votre gamin avec plaisir.

» A vous de cœur.   « G. SAND. »

Quel conseil M. Delangle a-t-il donné à son illustre amie?

Un conseil « selon le cas » ; à coup sûr, un avis juridique. George Sand s'en est-elle inspirée? Faut-il voir dans *Elle et Lui*, publié la même année (1859), une concession ou bien une niche faite à la jurisprudence dont la cliente de M⁰ Gabillaud connaissait si bien l'« esprit »?

C'est un point d'histoire littéraire qu'il ne nous appartient pas d'éclaircir.

FIN

Paris — Imp. Tolmer et C⁰, 8 rue Madame.

Paris. — Imprimerie Ph. Bosc, 3, rue Auber